Hans Flach

Die akademische Karriere der Gegenwart

Hans Flach

Die akademische Karriere der Gegenwart

ISBN/EAN: 9783744605489

Hergestellt in Europa, USA, Kanada, Australien, Japan

Cover: Foto ©Thomas Meinert / pixelio.de

Weitere Bücher finden Sie auf **www.hansebooks.com**

Die akademische Carriere

der

Gegenwart.

Zweite verbesserte Auflage.

Leipzig — Berlin.

Verlag von Wilhelm Friedrich.
Königl. Hofbuchhandlung.
1885.

Der Verfasser bedauert, dass seine Schrift vielfach missverstanden sei. Man hat sie eine Schmähschrift und ein Pamphlet genannt, was sie nicht sein sollte, man hat portraitartige Zeichnungen darin entdeckt, wovon gar nicht die Rede war. Der Verfasser wollte keine Personen angreifen, sondern Zustände schildern, indem er die Tendenz verfolgte, dass das herrschende System der Machthaber überlebt sei und in allen Personalfragen der Einfluss der Sachverständigen und der Regierung gestärkt werden müsse. Im Uebrigen zeigt der Charakter der Schrift, dass nicht alles tragisch zu nehmen sei.

I.
Der akademische Streber.

Der Professor an der Universität ist von jeher in Wort und Bild gefeiert worden. Er schwebte über der gewöhnlichen Menschheit, wie der Adler über der kleinen Vogelwelt. Die Höhe, in der er sich bewegte, schien den geringeren Sterblichen unerreichbar und schwindelhaft. In den Tiefen seiner Wissenschaft begraben, die der Menge unverständlich blieb, lebte er nur dieser und seinem Beruf und liess die übrige Welt vorüberrauschen. Gutmüthig und wohlwollend gegen die Mitwelt, edelgesinnt gegen Jedermann, etwas formlos und unpraktisch — das waren die Eigenschaften, die man voraussetzte, die man in jenen alten Originalen wiederfand, die heute ausgestorben sind, und die bei jüngeren Gelehrten zu jener Idealisirung führten, wie sie in unsern deutschen Romanen und Novellen von hervorragenden Dichtern wiedergegeben ist. Dem alten Professor neigte sich die ganze Bevölkerung zu, dem jüngeren flogen alle Mädchenherzen entgegen. Das schnellere Pulsiren des heutigen Lebens, die grösseren Wogen der letzten Jahrzehnte, das Popularisiren fast aller Wissenschaften, die leichteren und schnelleren Communicationsmittel haben an diesen Zügen vieles verändert. Der Professorenstand ist aus seiner Abgeschlossenheit herausgetreten und ist in der Neuzeit theils durch den Verkehr mit der übrigen Menschheit, theils durch seine Theilnahme an den öffentlichen und politischen Dingen mehr abgeschliffen, und — um so zu sagen — uniformer geworden. Damit ist aber auch manches Aussergewöhnliche zu Grunde gegangen, und das allgemeine Niveau mehr auf die Gewöhnlichkeit herabgedrückt worden. Dennoch unterscheidet sich der Professor noch von allen anderen Berufsklassen dadurch, dass er die grösste Entwickelung der Individualität zeigt. Die grosse Freiheit in seiner Thätigkeit — denn der Universitäts-Professor ist so ziemlich der freieste Mann unserer Beamtenwelt — die selbstständige und selbstgewollte Erziehung seines Geisteslebens, die Eigenart seiner Denkweise, die durch die Beschäftigung mit der Wissenschaft geförderte und gestärkte Gabe der Kritik, welche oft und mit Recht von anderen gefürchtet wird, hat er vor allen Anderen voraus. Man wird daher die Persönlichkeit eines Professors selbst nach flüchtiger Bekanntschaft ebenso genau in dem Gedächtniss behalten, wie die eines jungen Militärs gewöhnlich bereits nach einer Stunde verflüchtigt ist.

Auch die Charaktereigenschaften der einzelnen

Länder und Provinzen pflegen bei den Professoren am schärfsten hervorzutreten. Der Berliner ist gescheut, gesprächig und oberflächlich, der Ostpreusse ist zäh, aufgeklärt und zuvorkommend, der Holsteiner begabt, selbstbewusst und intriguant, der Pommer gutmüthig und schwerfällig, der Rheinländer lebhaft und vornehm, der Sachse höflich und wohlwollend, der Thüringer sanft und melancholisch, der Hesse gesellschaftlich und nachgiebig, der Pfälzer warmblütig und launisch, der Schwabe gediegen, empfindlich und formlos, der Franke gutgelaunt und verschmitzt, der Badenser fröhlich und aufgeregt, der Baier nüchtern und eigenwillig, der Oesterreicher gesellig, zutraulich und wetterwendisch, der Schweizer wohlmeinend und arbeitsam.

Leider bleiben auch durch die stete Berührung mit der übrigen Menschheit die Unvollkommenheiten im Stand der Professoren nicht verborgen, denen vermuthlich alle Sterblichen mehr oder minder unterworfen sind, obwohl man jene so gern zu höher gearteten Wesen rechnen möchte. Diese Kehrseite der heutigen akademischen Welt und ihren Einfluss auf das akademische Leben etwas genauer in's Auge zu fassen, ist der Zweck der folgenden Zeilen.

Statt die hauptsächlichen Fehler aufzuzählen, die heute im Professorenstand angetroffen werden, und unter denen wohl Charakterschwäche und Eitelkeit den ersten Platz behaupten, wollen wir nur eine specifisch akademische Species uns vorher näher ansehen, die akademischen Streber, die früher wohl unbekannt gewesen sind, heute aber an jeder Hochschule auf Schritt und Tritt in die Augen fallen. Manche behaupten, dass diese Erscheinung erst aufgekommen sei, seitdem die Juden an einzelnen Universitäten in Aufnahme gekommen sind. Gewiss mit Unrecht. Dort, wo am wenigsten Juden sind, tritt das Streberthum am deutlichsten und widerwärtigsten zu Tage.

Es ist naturgemäss, dass diese Species vorzugsweise unter den jüngeren Lehrern gefunden wird, die zunächst beabsichtigen, ihre Carrière günstig zu gestalten. In unseren Culturstaaten avancirt eben der Offizier von selbst, wie der Jurist und der Lehrer. Nur der akademische Docent kommt nicht von selbst weiter, sondern er bedarf dazu seiner Nebenmenschen, um deren Gunst er buhlen muss. Ein akademischer Streber weiss nach vierundzwanzig Stunden, wen er hofiren muss, wer einflussreich ist und wer nicht, und während er dem Letzteren mit wohlwollendem und überlegtem Lächeln sich naht, bewirbt er sich eifrig um die Gunst des Mächtigen, oftmals in der ekelhaftesten Weise. Er holt den Einflussreichen zum Spazierengehen ab, stellt ihm im Concert oder bei andern Gelegenheiten Stühle hin, springt auf, wann derselbe in ein Lokal tritt und grüsst ihn in der devotesten und verbindlichsten Weise. Gelegentlich

schreibt er eine verhimmelnde Recension über ein Werk seines Ordinarius. Besonders gegen die Frau und Familie ist er überaus zart und wird ein begeisterter Kinderfreund. Man muss mit Recht Befürchtungen für die Zukunft hegen, dass solche Charaktere an das Ruder kommen und ihren Schülern durch Wissen und Wahrheit imponiren sollen.
Eine zweite Gattung von Strebern, die politischer Natur ist, verdient grössere Aufmerksamkeit. Diese haben oftmals keine selbständige politische Ansicht, bisweilen auch keinen hervorragenden Verstand, gehen mit der herrschenden Regierung oder mit einer Partei durch dick und dünn, geben sich ein besonderes Air, halten ihr Fach für die Königin der Wissenschaften und glauben über Alles mitreden zu können. Sie sind gewöhnlich mittelmässige Gelehrte, arbeiten zu Hause wenig und haben deshalb das Bedürfniss, in der Aussenwelt zu glänzen.
Eine dritte Gattung ist harmloserer Natur. Sie buhlt um die Gunst der reicheren Docenten, und meistens der jüngeren, die noch ihre Carrière zu machen haben, entweder in der einfachen Absicht, um von ihnen hierfür Einladungen zu erhalten, oder weil sie sonst etwas wollen. Das Verfahren, das hierbei beobachtet wird, ist folgendes. Man schiebt den Gegenstand dieser Aufmerksamkeit in den Vordergrund, lässt ihn Vorträge halten, die man bewundert, weist ihm Vorlesungen an. die man rühmt,

spricht in allen Gesellschaften von ihm und seinen Talenten, kurz — sucht ihm den Boden für die sogenannte akademische Carrière zu glätten — für die Gegenleistung von zahlreichen Diners und Soupers. Diese Anbetung des goldenen Kalbes ist an manchen deutschen Hochschulen heute eine gewöhnliche Erscheinung.

Eine vierte Gattung, die litterarische, ist sehr ekelhaft. Diese schreibt, wie man es wünscht, um Avancements oder Orden zu erlangen, ohne Wahrheitsliebe und verfälscht die Thatsachen. Sie besteht aus lügenhaften Naturen, die in allen andern Berufsklassen der Verachtung anheimfallen würden.

Doch versuchen wir jetzt die Laufbahn des akademischen Docenten zu verfolgen.

II.
Die Nöthe des Docenten.

Die Aufnahme, die der junge Docent bei den einzelnen Fakultäten Deutschlands findet, ist sehr verschieden. An einer grossen Universität betrachtet man im allgemeinen die Habilitation eines Docenten als einen wünschenswerthen Zuwachs des Lehrkörpers, sodass man nicht besonders geneigt ist, demselben Schwierigkeiten in den Weg zu legen. Wenn daher die Habilitationsschrift als gut oder befriedigend angenommen ist, so ist das weitere Verfahren, dem sich der Docent unterziehen muss, wesentlicher formeller Natur, wobei die Probevorlesung vor der Fakultät als das wichtigste erscheint.

Bringt der Docent schwerwiegende Empfehlungen mit, so ist eine Fakultät leicht geneigt, ihm gleich zu Anfang oder sehr bald eine wichtige Vorlesung abzutreten, bei welcher er auf ein sicheres Contingent von Zuhörern rechnen kann.

Ganz anders ist die Aufnahme an kleineren

Universitäten oder in kleineren Ländern, besonders in solchen, die lange Zeit hindurch gegen die Aussenwelt in particulärer Selbstgenügsamkeit abgeschlossen waren. Hier ist seit Jahrhunderten der Docent angesehen und demgemäss behandelt worden als ein Eindringling, der dem betreffenden Ordinarius die Zuhörer und das Geld vermindert. Wenn er daher ohne sehr wirksame Empfehlungen kommt oder von vorneherein in der Fakultät selbst nicht eine einflussreiche Unterstützung findet, so kann er sicher sein, dass er im wesentlichen schlecht behandelt wird und auf wenig zu rechnen hat.

Findet er nicht gerade eine böswillige Stimmung vor, so muss er zufrieden sein, wenn man ihm mit absolutem Indifferentismus in der Fakultät gegenübersteht.

Es versteht sich von selbst, dass auf solchen Hochschulen schon der ganze Process der Habilitation von den glücklichen Stellenbesitzern mit ungeheuren Weitläufigkeiten und Schwierigkeiten verbunden war, damit diese im Voraus als Abschreckungsmittel dienen sollten. Nach der Annahme der Arbeit erfolgte ein Colloquium, dann die Aufstellung von gedruckten Thesen, welche wieder die Billigung der Fakultät erhalten mussten, und endlich eine öffentliche, oft stundenlang dauernde, bisweilen durch eine Mittagspause unterbrochene, Disputation über diese Thesen, womit nicht selten auch die Besprechung oder Bekämpfung einzelner Sätze der Habilitationsschrift verbunden wurde. Darauf erfolgte erst allmälig die Genehmigung der Regierung, beziehungsweise des Königs, so dass der ganze Process noch nach der Annahme und Begutachtung der Arbeit viele Monate sich hinziehen konnte. Uns ist nicht bekannt, ob heute noch an einer deutschen Hochschule diese Disputation in Brauch ist; jedenfalls existirte sie noch vor wenigen Jahren in Süddeutschland. Mit ihrem Fortfall ist wieder ein Rest mittelalterlicher Rohheit und Barbarei zu Grabe getragen worden — infolge der weniger barbarischen Auffassung Norddeutschlands. Eine solche Disputation zwischen zwei ungleichen Gegnern, einem Besitzenden und einem Erstrebenden, entsprach, was die Unterhaltung anbetrifft, etwa den spanischen Stiergefechten. Wochenlang vorher freute sich die gebildete Bevölkerung des Städtchens auf dieses Schauspiel, und diese Freude erreichte den höchsten Grad, wenn einer der disputirenden Ordinarien als Grobian bekannt war — und an solchen hat es unter den Professoren niemals gefehlt — oder wenn der Docent ein „Ausländer" war, wie lange Jahre hindurch die Norddeutschen in Süddeutschland genannt wurden und heute von den meisten noch als solche betrachtet werden. Selbst das zartere Geschlecht, das in kleineren Universitäten so wenig Unterhaltungen kennt, pflegte sich bei solchen Festlichkeiten einzufinden, um sich zu weiden an dem Anblick des gemarterten Schlachtopfers. Vom wissenschaftlichen Standpunkt aus hatte diese Disputation natürlich nicht die geringste Bedeutung. Die Ordinarien verfolgten auch nur selten die Tendenz, eine der discutablen Fragen wissenschaftlich und gründlich in sachlichen Auseinandersetzungen zu klären. Die eigentliche Absicht in den meisten Fällen war, den jüngeren Gegner, der sich in das geheiligte Gebiet des Ordinarius hineinbegeben wollte, öffentlich zu blamiren, ihm ein Bein zu stellen, — z. B. mit nichtssagenden philosophischen Definitionen, die im Augenblick zur Beantwortung verlangt wurden — ihn dem Gelächter preiszugeben, indem man die anwesende Menge durch fade Witze auf seine Seite zu ziehen suchte. Oefters hatte der Ordinarius überhaupt von der wissenschaftlichen Tragweite einer These gar keine Vorstellung, und versuchte ein mühsam erarbeitetes Resultat des Docenten durch irgend ein oberflächliches Citat aus einem Handbuch zu widerlegen. Es soll sogar vorgekommen sein, dass der Ordinarius schon im Anfang der Disputation seine dem Docenten gegenüber feindliche Stellung damit motivirte, dass er viele Kinder habe, die er ernähren müsse, und dass ihm daher das Auftreten eines Docenten in seinem Fach sehr unangenehm sei. Ebenso hat man auch Docenten noch nach der Disputation durchfallen lassen, sogar solche, die unmittelbar darauf anderswo eine glänzende Carrière gemacht haben.

Ueberhaupt dürfte ausgemacht sein, dass weitaus der grösste Theil aller Grausamkeiten und Rücksichtslosigkeiten, die von deutschen Ordinarien gegen jüngere akademische Lehrer begangen werden, auf den Hunger zurückgeführt werden muss. Der eine Ordinarius hat einen Sohn, der Schulden macht, der andere eine Frau, die vielen Ballstaat braucht, den der Gatte stets mit schwerem Herzen bezahlen muss, der dritte fühlt, dass er alt wird und legt Capitalien an, der vierte hat eine zahlreiche Familie, der fünfte übt als Lehrer an und für sich zu wenig Anziehungskraft aus, und ist jedem abhold, der ihm seine Kreise stört u. s. w. Alle verfolgen den einen Plan, den zu unterdrücken oder möglichst klein und unschädlich zu machen, der ihnen ihre Einnahmen schmälert. Aus diesem Grunde erklärt sich auch vorzugsweise jene viel verschrieene ‚vis inertiae' einer Fakultät, die für einen jüngeren Lehrer keinen Federstrich führt, und für jede kleine Geldbewilligung angebettelt, angeschmeichelt und schriftlich gebeten sein will, damit der Docent niemals die Nothwendigkeit seiner Abhängigkeit, seiner Unterwürfigkeit und Folgsamkeit aus dem Gedächtniss verliert.

Auf die beschriebene Weise wurde schon durch die Habilitation dem Docenten ein Knüppel zwischen die Beine geworfen. Wehrlos stand er da, man be handelte ihn grob, war zu ihm unverschämt, machte ihn vor den versammelten Studenten schlecht, dass das Blut in den Adern des gemisshandelten jungen Mannes kochte. Und doch musste er an sich halten und seine Ruhe bewahren, weil ein einziges übereiltes oder grobes Wort, ein aufsteigender Zorn des Ordinarius der ganzen Disputation und damit der Habilitation ein Ende bereiten konnte.

Nachher kommen die anderen Liebenswürdigkeiten, die gegen den wehrlosen Docenten in's Werk gesetzt werden, den man nicht haben will, oder der den Zorn eines Fakultätsnabobs auf sich gezogen hat. Obwohl die venia gewöhnlich eine sehr umfassende ist, findet der Docent fast bei jeder Vorlesung, die er halten will, Schwierigkeiten bei diesem oder jenem Ordinarius, denen er Rechnung tragen muss, wenn er vorsichtig ist. Der eine hat·dies vor Jahren gelesen, der andere hat gerade dies Gebiet in seinem Lehrauftrag, der dritte beabsichtigt gerade diese Vorlesung im nächsten Semester zu lesen u. s. w. Es häufen sich die Widerwärtigkeiten mit den Hörsälen und mit den Stunden. Manche Vorlesungen kommen aus derartigen Verlegenheiten gar nicht zu Stande; bei anderen muss die dritte oder vierte Stunde der Woche gestrichen werden, weil alles besetzt ist. Auf Universitäten, die stiftsartige Einrichtungen haben, wird nicht selten von oben her ein Druck ausgeübt, den einen Docenten fleissig zu hören, den andern nicht zu berücksichtigen. Ist aber ein Ordinarius von chronischem Geldhunger befallen, so versucht er noch andere Manipulationen. Er erklärt den eingeladenen Studenten die Vorlesung des Docenten als überflüssig, zuckt die Achseln, macht sogar Bemerkungen in der Vorlesung. Die zahlreichen Studentengesellschaften in den Häusern der Professoren unterstützen solche Bemühungen. Denn wer kann ihnen wehren, wer hilft dem Docenten? Wo giebt es eine Behörde, die Taktlosigkeiten, Ungerechtigkeiten, Böswilligkeiten und Rohheiten der Professoren bestraft? Wer stellt sich nicht auf die Seite des Besitzenden?

Hierzu gehören nun besonders auch die Fälle, in denen ein Ordinarius über einen Docenten, den er nicht haben will, in Fakultät oder Senat abfällige und geringschätzige Urtheile fällt, die nicht selten der Wahrheit widersprechen, wie sich später meistens zeigt, sobald der Docent seine Thätigkeit einer anderen Hochschule widmet. An einer süddeutschen Hochschule hat ein junger Gelehrter viele Jahre hindurch nicht die geringste Anerkennung gefunden, der heute zu den angesehensten Professoren Deutschlands zählt und gleich als Lehrer ersten Ranges galt, sobald er jene Universität verlassen hatte. Ebenso ist an derselben Universität viele Jahre hindurch ein Gelehrter aus persönlichen Gründen auf das heftigste und mit Mitteln jeglicher und nicht qualificirbarer Art verfolgt worden, der heute eines der renommirtesten Mitglieder der ganzen Fakultät ist. Auch andre denkwürdige Beispiele solcher Unterdrückung sind zur allgemeinen Kenntniss gelangt. Alle diese Fälle beweisen, dass es bisweilen zweckmässig ist, neben den einheimischen Gutachten Urtheile von anderwärts einzuholen. Doch giebt es an kleineren Universitäten, wo nicht selten ein sehr fadenscheiniges wissenschaftliches Gewissen herrscht, ein untrügliches Mittel, um Widerstand niederzuschlagen und Freunde zu gewinnen. An manchen Hochschulen wird dem ankommenden Docenten von massgebenden Persönlichkeiten von vorne herein gesagt, dass es, um an der eigenen Hochschule weiter zu kommen, nicht auf wissenschaftliche Thätigkeit ankomme, sondern ausschliesslich auf die sociale Stellung. Dies ist in den akademischen Verhältnissen ein Gesichtspunkt, der vor Decennien noch ganz unbekannt, von Jahr zu Jahr aber eine bedeutendere und gefährlichere Rolle spielt. In derselben Weise nehmen auch die sogenannten Faiseure an den Hochschulen überhand, welche gewöhnlich zu den wissenschaftlichen Impotenzen gehören, aber in allen Personalfragen stets die regste Thätigkeit und Intriguenlust entfalten. Versuchen wir nun, das Wesen dieser socialen Stellung genauer zu definiren.

Ist der Docent unverheirathet, so ist zunächst

ein beträchtliches Vermögen die allerbeste Empfehlung zu der socialen Stellung. Wenn man sieht, dass derselbe mit den Einnahmen der Ordinarien concurriren kann oder diese wo möglich übertrifft, wenn man glaubt, dass er keine pekuniären Anforderungen stellen und keine Unbequemlichkeiten verursachen wird, so ist dies eine bedeutende Empfehlung. Ein solcher Docent kann dumm oder faul sein, etwas wird er immer erreichen.

Ist er nicht vermöglich, so muss er durch andere Mittel die Aufmerksamkeit der Gesellschaft auf sich ziehen. Fleissiges Tanzen mit den Töchtern der Professoren wird unter allen Umständen nützlich sein, noch weit ergiebiger aber ist es, wenn man mimisches Talent besitzt oder das Arrangiren von Liebhabertheatern, lebenden Bildern, Schlittschuhfesten u. s. w. versteht, besonders seitdem die Wintersaison an den Universitäten kleinerer Städte nur noch nach den Marksteinen von grossen Vergnügungen, Liebhabertheatern, Maskenscherzen, Bällen u. s. w. berechnet und beurtheilt wird.

Noch nützlicher aber ist es, einer einflussreichen Frau den Hof zu machen und durch sie Stimmung erzeugen zu lassen, da nicht nur dann durch den vielgeöffneten Mund der sogenannten — in Süddeutschland besonders florirenden — weiblichen Kränze Propaganda in den massgebenden Kreisen gemacht wird, sondern besonders auch der Ehemann — der gewöhnlich neben der einflussreichen Ehehälfte unter dem Pantoffel steht — zu einer lebhaften Agitation für den Docenten gezwungen wird, die geschickt in Scene gesetzt, nur selten erfolglos sein wird. An kleineren Hochschulen werden dem Docenten gleich bei seiner Ankunft die Frauen namhaft gemacht, um deren Gunst er sich bewerben müsse.

Das untrüglichste Mittel freilich ist es, die Tochter eines einflussreichen Professors zu heirathen, wodurch in den meisten Fällen schon die ganze akademische Carrière als gesichert zu betrachten ist, da der Docent dann entweder an der eigenen Hochschule oder durch gute Freunde des Schwiegervaters anderwärts untergebracht wird. Gewiss giebt es an den deutschen Hochschulen mehrere Dutzend Schwiegersöhne, welche allein durch die Macht des Schwiegervaters Professoren geworden sind, oder jedenfalls weit schneller Carrière gemacht haben, als dies sonst der Fall gewesen wäre.

Doch die beiden kurz berührten Momente der Geldbewilligung und der Frauenwelt erfordern noch eine genauere Besprechung. Preussen steht auch hier, was die Geldbewilligung anbetrifft, an der Spitze der Cultur, indem es auf Anregung eines ausgezeichneten Gelehrten allen tüchtigen Docenten Stipendien für 3 Jahre von je 1500 M. gewährt (vor kurzer Zeit ist diese Summe auf 6000 M. im ganzen erhöht worden). Dadurch wird wenigstens bewirkt, dass auch Begabte, aber Unbemittelte sich der akademischen Laufbahn widmen können. Ganz anders ist es in Süddeutschland, wo die Staaten für die Docenten nichts gethan haben (Tübingen besitzt ein Stipendium von gegen 800 M., welches König Karl beim Jubiläum gestiftet hat). An den kleineren Hochschulen, wo die akademische Welt sich von der anderen Welt gleichsam durch eine markante Grenzlinie abhebt, pflegen Studenten und Professoren eine weit bedeutendere Rolle zu spielen, als in grösseren Städten, wo mehrere Bevölkerungselemente gleichberechtigt und gleich angesehen sich neben einander bewegen. Der Professor pflegt daher an solchen Orten selbstbewusster und aufgeblasener zu sein, und Persönlichkeiten, die anderswo nur dem Fluch der Lächerlichkeit anheimfallen würden, können hier eine bedeutende Rolle spielen, die ihrer Eitelkeit in hohem Grade zusagt. Ist an einer solchen Hochschule ein allgemeiner Senat, so ist die Ueberzeugung von der persönlichen Bedeutung des einzelnen noch erheblich gesteigert. Man regiert mit, man entscheidet mit, bewilligt oder verweigert Geld, spricht in allen Berufsfragen mit, selbst in solchen, von denen man gar nichts versteht — kurz man betrachtet sich als regierende Behörde, etwas, was mit der Stellung eines Lehrers oder Gelehrten zunächst gar nichts zu thun haben sollte. Soll ein Docent befördert werden, so versetzt man sich ganz vorsichtig zuerst diplomatisch in den Sinn des Ministers, und handelt darnach, gleich als wenn eine Fakultät oder ein Senat eine Versammlung von Diplomaten wäre, und nicht vielmehr von Gelehrten, die unter allen Umständen nur die Pflicht haben, ihre sachliche Ueberzeugung auszusprechen. Auf diese Weise bildet sich dann leicht der Standpunkt heraus, dass der Professor der Finanzminister sei, der für die Finanzen des Staates einzutreten habe. Er spart daher überall im Interesse des Staates, worunter aber nur die jüngeren Lehrer der Hochschule zu leiden haben, während er selbstverständlich für seine Person, für seine Freundschaft, für seine Verwandten, — wenn er solche haben sollte — von diesem Sparsystem nicht ergriffen ist. Er kommt allmälig zu der Auffassung, dass jeder Kreuzer, der einem Anderen gezahlt wird, aus seinem Säckel fliesst, oder dass er speziell geschädigt wird, wenn ein Anderer Geld bekommt. Es begreift sich, dass auf diese Weise schliesslich alle objective Beurtheilung und Anerkennung verloren geht, und dass allein eine Interessenwirthschaft Platz greift, wo jeder nur für sich, seinen Anhang und seine Familie gewinnen will und alles Andere von sich weist. In dem einen Augenblick unterhält man den hungernden Docenten von der traurigen Finanzlage des Staates, die keine Zulage gestattet; in dem nächsten nimmt man selbst eine grosse Zulage, eine Gratification oder ein Reisestipendium an. In Württemberg beispielsweise sind in Folge dieses Egoismus mehrere etatsmässige Extraordinariate gestrichen worden, um sie nicht an junge Kräfte vergeben zu müssen. Im Allgemeinen aber sollte der Grundsatz mehr und mehr zur Anerkennung gelangen, dass Docenten, welche fleissig, regelmässig und mit Erfolg lesen und ebenso arbeiten, demgemäss auch ein nützliches Glied des akademischen Lehrkörpers sind, vom Staat eine materielle Unterstützung, sei es ein Stipendium oder eine Renumeration erhalten sollen, wie dies jetzt in Preussen, ganz besonders aber in Oesterreich der Fall ist. Wenn man erwägt, wie viele Tausende Mark in kleinen Ländern durch sogenannte Rufe (oder Scheinberufungen) verschwendet werden, so scheint diese Forderung eine überaus billige und selbstverständliche zu sein. Umgekehrt aber sollte Niemand befördert werden, der — wie dies oft bei Medicinern in den grossen Residenzen der Fall ist — nur seine persönlichen Einnahmen dadurch zu erhöhen beabsichtigt. Auch sollten die Titelverleihungen als Quittung für dreijährige Docentenzeit gänzlich fortfallen. Doch können Fälle eintreten, z. B. bei grossem Ueberfluss von Docenten an einzelnen Fakultäten, dass man ohne die persönliche Auszeichnung einer Titel- oder Prädicatsverleihung nicht auszukommen vermag.

Zu einer wirklichen Calamität ist in den letzten Jahren die Bedeutung der Frau auf einzelnen deutschen Hochschulen geworden, und dieser Umstand scheint zu beweisen, dass wir mit der bisherigen Verfassung der Hochschulen am Anfang vom Ende sind. In Süddeutschland wird behauptet, dass diese Calamität — in ähnlicher Weise wie einige Kinderkrankheiten — mit den Norddeutschen eingewandert sei, was wohl möglich ist, wenn man bedenkt, dass das gesellige Leben der Süddeutschen hinsichtlich der beiden Geschlechter früher wesentlich getrennt gewesen ist, indem die Frauen in Kränzen zusammenzukommen pflegten, die Männer im Wirthshaus beim Schoppen Wein. Doch wollen wir die Frage nach dem Ursprung jener Erscheinung hier nicht entscheiden. In jedem Fall sind mit dem Auftreten der Frauen am akademischen Horizont die Lüge und der Klatsch in die akademischen Verhältnisse eingedrungen oder wenigstens gesteigert worden. Am meisten zu fürchten sind kinderlose und nervöse Frauen. Während die ersteren aus Mangel an Beschäftigung auch den Personalfragen der Hochschule sich widmen und öfters eine Beförderung durchsetzen, indem sie von Haus zu Haus laufen, flehen, agitiren, überreden, einladen, um ihren Zweck zu erreichen (sogar in Berufungssachen sind von Frauen Briefe geschrieben worden), sind die letzteren vermöge ihres krankhaften und aufgeregten Zustandes an ein sehr entgegenkommendes Betragen der Männerwelt gewöhnt und verfolgen mit gehässigen

Blicken jeden, der entweder keine Lust oder keine Anlage hat, diese Anbetung mitzumachen. Jedes Ereigniss der kleinen akademischen Gesellschaft ist ihnen bekannt, von ihnen dringt es in die weibliche Gesellschaft und von hier sickert es durch die ganze Stadt. Bei Gelegenheit der nächsten Fakultätssitzung, in welcher über ein Schlachtopfer des weiblichen Klatsches gehandelt wird, werden von einigen einfältigen Ehemännern Andeutungen darüber gemacht, und — der Docent wird durch die gehorsamen Ehemänner schwer geschädigt.

Das Weib ist aber auch die Begründerin der Clique, die gegenwärtig fast an jeder Hochschule ist, in welcher die massgebende Kritik geübt und alle Berufungsfragen vorher verhandelt werden. Die Männer, die dazu gehören, sind naturgemäss unbedeutende Gelehrte, denn ein Mann, der seine Frau in die akademischen Verhältnisse hereinsprechen lässt, und sich ihr darin unterordnet, ist an und für sich ein Affe. Der Boden, auf welchem eine Clique wirkt, ist die Abendgesellschaft: ein halbes Dutzend Familien kommt wöchentlich mehrere Male zusammen, und da in einer kleinen Stadt kein Unterhaltungsstoff vorhanden ist, zu einer solchen Clique auch, wie erwähnt, nur unbedeutende Leute gehören, welche weder wissenschaftliche, noch andere geistige Interessen haben, so bilden die Mitmenschen den Unterhaltungsstoff, die nach der Distanz, in welcher sie zur Clique stehen, milder oder grausamer behandelt werden. In welcher schamlosen Weise hier Urtheile gefällt werden, ist unerhört: wenn einer aus der Clique sich in einem öffentlichen Vortrag blamirt, so wird man das Urtheil in der Stadt verbreiten, dass der Vortrag ausgezeichnet war, wenn ein Anderer dann einen vortrefflichen Vortrag gehalten hat, so wird man die Achseln zucken und sagen, dass die Fachgenossen sich sehr ungünstig ausgesprochen hätten. Die ganze Clique bildet unter einander eine Lobesassekuranz-Gesellschaft. Was sie aber zusammenhält, ist die conventionelle Lüge, die Heuchelei und das Vergnügungsbedürfniss des Weibes.

Bezeichnend ist es, dass die besten Lehrer einer Hochschule und die fleissigsten und solidesten Gelehrten niemals zu einer solchen Clique gehören und dementsprechend auch von ihr behandelt zu werden pflegen.

Es giebt aber noch einen anderen Kitt, welcher für das Zusammenhalten der durch das Weib verlangten und von ihr beherrschten Gesellschaft nothwendig ist — das Geld. In der That giebt es heute an vielen Hochschulen eine Clique von Vermögenden, welche zu einem undurchdringbaren Ring zusammenstehen, die ein grosses, gesellschaftliches Leben führen und nach Art reich gewordener Protzen oder wie die Gutsbesitzer, wenn die Weizenpreise hoch sind, bei jeder Gelegenheit Champagner trinken können. Wer die akademischen Gesellschaften der sechziger Jahre mit den heutigen vergleicht, wird einen ungeheuren Unterschied wahrnehmen. Damals waren dieselben materiell sehr einfach, und der geistige Genuss, welcher entweder von der Unterhaltung oder von musikalischen Aufführungen herrührte, war weitaus die Hauptsache. Heute sind die Gesellschaften sehr luxuriös; sie erinnern durchaus an die Soiréen der Börsenmänner und rivalisiren auch mit ihnen hinsichtlich der Langeweile und Unterhaltungslosigkeit, da geflissentlich Alles ferngehalten wird, was nach einer geistigen Anregung oder Anstrengung aussicht, die Aufmerksamkeit der Menschen von der Thätigkeit des Essens und Trinkens oder vom Stadtklatsch oder von langweiligen Fakultätsangelegenheiten abziehen könnte. Damals waren die Gehälter noch weit geringer, die Einnahmen noch viel spärlicher, und der Grundsatz noch nicht so allgemein zur Anerkennung gekommen, dass der angesehene Professor durchaus auch ein sehr reicher Mann sein müsse.

Aber auch ohne Vermögen stehen heute zahlreiche Professoren — auch abgesehen von den Medicinern und ihren Consultationshonoraren — weit günstiger, als alle anderen Beamten eines Staates, ja sie haben zum Theil höhere Einnahmen als die Minister des Landes. Durch ausgeschlagene Berufungen, durch mangelhaftes Angebot, durch momentane Verlegenheiten der Regierung, die von den Berufenen benutzt wurden, ist die jetzige Steigerung entstanden, von der sehr zweifelhaft ist, ob sie nicht später einmal einen Rückschlag erfahren wird, bei dem die einzelnen Stellen einfach, wie andere Beamtenstellen, normirt werden und die Regierung das Verfahren beobachtet, wenn der erste auf eine Stelle nicht kommen will, den zweiten zu berufen, und wenn dieser nicht will, den dritten. Der Glaube an die Unentbehrlichkeit des Einzelnen, an den bedeutenden Aufschwung, den eine Fakultät gerade durch die Berufung des einen betreffenden machen würde, ist gewöhnlich in das Gebiet phantastischer Einbildungen oder absichtlicher Lügen zu verweisen. Denn ob ein Lehrer fünf Procent besser oder schlechter unterrichtet, oder ein Buch mehr oder weniger geschrieben hat, als der andere, ist in den meisten Fällen für das Gedeihen der Hochschule und für das Studium des Studenten, die zum allergrössten Theil Beamte werden, ziemlich gleichgültig.

Das sind die Verhältnisse, mit denen sich der Docent abzufinden hat, wenn er an derselben Hochschule weiter kommen will. Er lasse, wenn er vorsichtig ist, jede Hoffnung draussen, durch ausserordentlichen Fleiss Eindruck zu machen. Er kann arbeiten, bis er schwarz wird: es wird nicht die geringste Aufmerksamkeit erregen. Er kann lesen, bis er grau wird: es wird gleichgültig sein. Deshalb ist ihm nur der Rath zu ertheilen, dass er mehr andere Künste cultivire. Ist er verheirathet und reich, so gebe er zahlreiche Gesellschaften, beauftrage seine Frau, recht liebenswürdig zu den Ordinarien zu sein und gewinne sich Freunde auf diese Weise. Ist er unverheirathet, so tanze er fleissig, besonders auch mit Frauen, die sonst auf andere Sterbliche keine Anziehungskraft mehr ausüben können, nachdem sie das achte Lustrum längst überschritten haben (an manchen Hochschulen finden deshalb noch Grossmütter aufmerksame Tänzer), so laufe er Schlittschuhe, befestige den Professorenfrauen geschickt die Schlittschuhe, spiele Theater, bete Ordinarien an, oder wenn er musikalisch ist, spiele er vierhändig oder Duo's und ertrage die schwerste Verletzung seiner Gehörorgane: alles dieses wird ihm zuerst in den Augen der massgebenden Damenwelt zu einem jungen, liebenswürdigen, sehr genialen Gelehrten machen, man wird von ihm sprechen, und in der Fakultätssitzung werden die gehorsamen Männer der beglückten Frauen ihren Einfluss aufbieten und ihm zu einer gefahrlosen Entbindung verhelfen. Er wird in kurzem — gewöhnlich nach 3—4 Jahren — Professor, und in der Clique werden rauschende Vergnügungen gefeiert werden, weil wieder „Einer der Unsrigen" mit unserer Hülfe voran gekommen ist, bei dem „die sociale Stellung" d. h. das Geld, den Erfolg gesichert hat.

Wenn der Docent aber alles dieses versäumt hat, so wird er erst inne werden, aus welchem Grunde man von der „dornenvollen akademischen Carriére" oder vom „akademischen Parquetboden" spricht. Schreibt er viel, so beschwert man sich in der Fakultät, dass er zu viel schreibe (gewöhnlich ist dann auch eine misslungene Arbeit darunter), schreibt er wenig, so muss man wissenschaftliche Strebsamkeit vermissen. Liest er viel, so wird man achselzuckend bemerken, dass der akademische Lehrer nicht allein eine pädagogische Thätigkeit entwickeln dürfe, liest er wenig, so wird man noch nicht genügend von seiner pädagogischen Fähigkeit überzeugt sein. Hat er viele Zuhörer, so wird man klagen, dass er nur für die Masse zu lesen scheine, hat er wenig, so wird man mit Bedauern keine akademischen Erfolge constatiren können. Wenn man ihn will, so füllt das, was er liest, eine Lücke an der Hochschule aus, wenn man ihn nicht will, ist es überflüssig. Wenn man ihn will, so beweisen sechs Zuhörer, dass er eine erspriessliche Lehrthätigkeit entwickelt habe, da die Eigenthümlichkeit des von ihm vertretenen Gebietes keine Massen anziehen könne, wenn man ihn nicht will, zeigen zwanzig Zuhörer, dass die Lehrthätigkeit nicht genügend bewiesen sei, da die Eigenthümlichkeit seines Faches eine grössere Anziehungskraft ausüben müsse. Wenn man ihn will, genügt das Manuscript eines Collegienheftes, welches ein Ordinarius auf dem Tische des Docenten gesehen hat, als literarische Leistung, deren voraussichtliche Bedeutung man im Senat rühmt, und wenn man ihn nicht will, genügen ganze Bände nicht. Mit einem Wort, wenn man ihn nicht haben will, so giebt auch das zuletzt den Ausschlag, dass er eine krumme Nase hat oder — eine dumme Frau.

III.
Berufung und Scheinberufung.

Das akademische Professorenthum erhält heute seinen Hauptreiz, seine Abwechselung, gleichsam seine Etappen, durch die Berufungen, welche an die einzelnen Lehrer ergehen und die in der früheren Zeit in weit geringerer Ausdehnung an der Tagesordnung waren. Gegenwärtig ist auch wieder eine ruhigere Zeit eingetreten, nachdem die Wellen, welche durch die Gründung der Universität Strassburg erregt worden sind, fast alle deutschen Hochschulen Jahre hindurch in Unruhe versetzt haben. Der Ruf, der an den Docenten von auswärts ergeht, hat heute eine solche Bedeutung, dass an manchen Hochschulen überhaupt für jüngere Lehrer nichts geschieht, bevor dieselben nicht einen Ruf aufzuweisen haben. Hat man keinen, so borgt man sich einen, d. h. man setzt einen in Scene, und damit gelangen wir gleich in das Herz der ganzen Berufungsfrage.

Der gewöhnliche Modus bei Berufungen ist der, dass eine Fakultät drei Namen nennt (einzelne schlagen auch mehr vor, oder nennen noch Jemand in vierter oder fünfter Linie), von denen die Regierung einen wählt: ceteris paribus gewöhnlich den ersten. Wenn zwei abgelehnt haben, pflegt die Angelegenheit in den Schooss der Fakultät zurückgegeben und eine neue Liste aufgestellt zu werden. Wohlgemerkt, dies ist der Usus, denn die Regierung darf verfassungsmässig in allen deutschen Ländern Professoren anstellen, ohne eine Fakultät zu fragen, und Fakultäten, welche gegen ein solches Verfahren der Regierung protestiren, sind in der Regel über die staatsrechtliche Frage im Unklaren. An den Hochschulen, die einen allgemeinen Senat haben, wird die Berufung, noch bevor sie an das Ministerium kommt, durch einen Senatsreferenten an den Senat gebracht, der die Liste billigen kann oder nicht, gewöhnlich indessen nur an der Reihenfolge der Vorschläge etwas zu ändern findet. Doch hat der Senat auch schon vollständige Vorschläge der Fakultät zurückgewiesen, was besonders dann der Fall ist, wenn schon in der Fakultät selbst eine starke Minorität gegen die Vorschlagsliste sich ausgesprochen hatte.

Man wird behaupten dürfen, dass dieses Verfahren als ein möglichst objectives und gerechtes ausgewählt worden sei, und dass die deutschen Hochschulen dadurch zu einer ausserordentlichen Blüthe gelangt seien. Dennoch wird man sich der Annahme nicht verschliessen können, dass dieser Modus, so vortrefflich er auch noch vor 30 Jahren gewesen ist, heute als überlebt angesehen werden darf, da alle socialen Bedingungen und alle Communicationsmittel ganz andere geworden sind. Damals war ein Professor nur nach seinen Werken und seiner Lehrthätigkeit bekannt, und diese Factoren entschieden für die Berufung. Gewiss giebt es heute noch Hochschulen und Fakultäten, und zweifellos zahlreiche Professoren, welche genau nach jenen früheren Principien verfahren, und es hiesse der deutschen Gelehrtenwelt den Todesstoss versetzen, wenn man an dieser Thatsache zweifeln wollte. Aber im Allgemeinen sind die Berufungsverhältnisse wesentlich andere geworden. Besonders haben angefangen, Fragen hervorgehoben zu werden, die bei der früheren Abgeschlossenheit der Gelehrtenwelt gar nicht in Betracht gezogen sind und kaum erörtert werden konnten. Wir haben jedoch zwei Arten von Berufungen genau zu unterscheiden, die wirkliche Berufung und die Scheinberufung, welche nur die Stelle einer liebenswürdigen Visitenkarte bei dem Berufenen vertritt, deren er zu geeigneter Zeit eingedenk sein soll.

Bei den wirklichen Berufungen ist in den letzten Jahren bei der Prüfung der Qualitäten eine neue Frage hinzugekommen, indem untersucht wird, ob der verlangte Candidat umgänglich oder liebenswürdig sei. Mit dieser Frage wird verschiedenes gemeint. Bei einem jungen Manne ist sie gewöhnlich gleichbedeutend mit der Frage, ob er Geld habe, und sie entspricht somit der in gewissen Gegenden Deutschlands üblichen Auskunft über „das Gemüth". In anderen Fällen heisst es mehr, ob der Berufene geneigt sei, sich der herrschenden Clique anzuschliessen, d. h. ob er möglichst abhängig und unselbständig sei. Aber fast in jedem Falle sind Selbständigkeit des Einzelnen, Unabhängigkeit, Objectivität, Charakterfestigkeit Eigenschaften, welche mit dem Begriff der Unliebenswürdigkeit oder Unausstehlichkeit zusammenfallen, und die etwas trockenen, etwas pedantischen, wohlwollenden grossen Gelehrten vergangener Zeiten würden heute von den wenigsten Fakultäten berufen werden. Damit erklärt sich die Thatsache, dass bei den heute so üblichen, brieflichen Auskünften über eine Persönlichkeit ein einziger Mensch von der einen Seite als überaus liebenswürdig, von der anderen als unausstehlich oder unverträglich geschildert wird, je nach der Stellung, welche der Schreibende zu dem Berufenen eingenommen hat. Corrumpirte Fakultäten berufen lieber eine gefügige wissenschaftliche Null, als eine bedeutende, aber selbständige Kraft. Ebenso ist an mancher Hochschule der Einfluss der herrschenden Clique oder des Ringes so mächtig, dass unabhängige Lehrer mit systematischem Hass verfolgt werden, besonders wenn man instinktiv (und dafür hat die Clique eine gute Nase) herausmerkt, wie der Unabhängige über sie denkt und urtheilt. Die Geschichte deutscher Fakultäten hat aus den letzten Decennien mehrere hervorragende Beispiele solches Verfolgungsfanatismus aufzuweisen. Aus der Gewohnheit der brieflichen Anfragen ergiebt sich mit Nothwendigkeit, dass an keinem anderen Ort der cultivirten Welt, ausser in den Fakultäten, der Lüge und der Verleumdung so Thür und Hof geöffnet werden. Gewisse Fakultäten in Deutschland stellen chronisch einen Tummelplatz für diese niederen Leidenschaften dar. Man lässt Briefe schreiben in dem Sinne, den man wünscht, man verheimlicht auch Briefe, die man für seinen Zweck nicht brauchen kann, wie man, um zu schaden, auch schon Arbeiten oder Recensionen unterschlagen hat, d. h. zu nennen unterlassen hat, die dem Betreffenden von Nutzen gewesen wären. Die grossen Centralpunkte der schweizerischen Alpenwelt, besonders Engelberg, Interlaken und Pontresina, sehen in jedem Sommer die halbe Professorenwelt Deutschlands, wo der akademische Klatsch ausgetauscht wird, und daneben giebt es sogenannte Universitätswanzen, welche die Personalien aller deutschen Hochschulen im Kopf haben und für die Verbreitung aller persönlichen Angelegenheiten sorgen. Leider giebt es keine Behörde, bei welcher man Verleumdungen, die in den Fakultäten gegen einzelne Fachgenossen ausgesprochen werden, anhängig machen kann.

Die zweite bei den Berufungen vorkommende

Frage betrifft die **Frau**. Man geht heute in manchen Fakultäten weniger von der Voraussetzung aus, ob die Hochschule einen hervorragenden Nutzen haben würde, als vielmehr, ob die Gesellschaft und d. h. die Clique oder der Ring der Vermögenden eine wünschenswerthe Bereicherung erhalten werde. Und dazu ist die Frau nothwendig. Es gilt daher als eine bedeutende Empfehlung, wenn die berufene Frau jung, liebenswürdig, schön oder musikalisch ist. Vollends günstig wirkt es, wenn sie gut Theater spielen kann.

Aber auch die Frage nach der **wissenschaftlichen Beschaffenheit** des einzelnen Gelehrten ist heute bei der ungeheuren Ueberproduction nicht ohne Schwierigkeit zu beantworten. Grössere Werke werden gar nicht mehr ganz durchgelesen, sondern die immer mehr in Brauch kommende Gewohnheit der ausführlichen Indices ermöglicht ein Nachschlagen der Stellen, deren man gerade bedarf. Kleinere Aufsätze pflegen in zahlreichen Zeitschriften zerstreut zu stehen, und es gehört grosse Entsagung dazu, um die ganze Thätigkeit eines Gelehrten kennen zu lernen und richtig zu beurtheilen. Bei jüngeren Lehrern entscheidet für die Carrière oft eine Arbeit, deren neuer oder entscheidender Gedanke dem promovirenden Professor verdankt wird, während der glücklich Berufene später eine ziemliche Unfähigkeit an den Tag legen kann.

Wenig von Bedeutung, aber nicht ohne Einfluss sind die Recensionen der deutschen Anzeigeblätter. Wer vorsichtig ist, lässt sich von guten Freunden recensiren. Wer auf Recensionen nichts giebt, hat leicht das ganze Heer der Recensenten gegen sich, die oftmals ihre eigene wissenschaftliche Blösse dadurch zu verdecken suchen, dass sie fleissige Arbeiten in unhöflichem und absprechendem — in der classischen und neueren Philologie oftmals grobem und brutalem — Ton behandeln. In der bedeutendsten norddeutschen Litteraturzeitung, die in manchen Zweigen einen sehr einseitigen Standpunkt der Schulen herauskehrt, findet man nicht selten Doctorarbeiten, durch welche die Wissenschaft gar nicht gefördert wird, mit grosser Anerkennung behandelt, während wissenschaftlich bedeutende Werke mit Hohn behandelt werden, weil die massgebenden Leiter des Blattes auf einem entgegengesetzten Standpunkt stehen. Nicht selten wird ein Buch in einer Zeitschrift mit Lobeserhebungen bedacht, das in einer anderen der Vernichtung oder dem Papierkorb empfohlen wird, und in zahlreichen Fragen stehen die beiden vornehmsten deutschen Zeitschriften dieser Art in prinzipiellem Gegensatz.

An einem gefährlichen Abgrund bewegt sich die Frage nach der pädagogischen Tüchtigkeit des Berufenen. In der akademischen Lehrerwelt stehen sich zwei Lehrmethoden einander gegenüber. Der eine

Lehrer vermag mehr die grosse Menge zu fesseln durch einen zündenden Vortrag, bisweilen auch durch eingestreute, sich stets wiederholende Witze (welche Mode indessen im Abnehmen begriffen ist), während der andere mehr vorgerücktere Studenten in Uebungen und Seminaren wissenschaftlich zu fördern und zu selbständigen Arbeiten anzuhalten versteht. Ein idealer Lehrer sollte beides leisten können; man wird aber beide Eigenschaften selten bei einem Menschen vereint vorfinden.

Im Allgemeinen wird an der Hochschule der gute Seminarlehrer vorzuziehen sein, da es weniger schädlich ist, einen mittelmässigen Vortrag zu hören, aber eine gute wissenschaftliche Anregung und Anleitung zu erhalten, als neben einem eleganten Vortrag eine schlechte Anleitung zu bekommen, oder gar keine. Bei dieser Sachlage ist es nicht wunderbar, dass nirgends die Urtheile so auseinandergehen, wie über die Lehrfähigkeit der einzelnen Professoren. Daher nirgends ein so colossaler Missbrauch in der Anerkennung oder Absprechung getrieben wird, wie auf diesem Gebiet, so dass nicht selten über eine und dieselbe Persönlichkeit die entgegengesetzten Urtheile gefällt werden. So wird auch durch diese Beurtheilung der pädagogischen Fähigkeit, je nachdem man einen Docenten will oder nicht, ein Tummelplatz erzeugt für Intriguen, Unwahrheiten, Verleumdungen, wobei es nicht selten vorkommt, dass auch die Gutachten früherer oder gegenwärtiger Zuhörer herangezogen werden, die unter keinen Umständen als kompetente Richter angesehen werden sollten. Nach dieser Auseinandersetzung wird es begreiflich erscheinen, dass die Berufung als solche mit einem Glücksspiel zu vergleichen ist, bei welchem einer Glück, ein anderer Unglück haben kann. Man wird aber ausserdem einsehen, dass eine Berufung ohne die actuelle Mitwirkung eines einflussreichen Lehrers, Verwandten oder Freundes gar nicht mehr möglich ist. Aus diesem Grunde haben sehr mächtige Männer lange Jahre hindurch fast alle Stellen Deutschlands besetzt. Vor einigen Decennien wurde die Philologie fast in ganz Deutschland von einem einzigen Gelehrten besorgt, der neben zahlreichen Koryphäen der Wissenschaft in den letzten Lebensjahren auch einige wenig brauchbare Lehrer empfohlen hat. Auch die Inzucht ist sehr im Zunehmen begriffen, und dass Schwiegerväter sehr oft ihren Schwiegersöhnen günstige Stellungen verschafft haben, ist erwähnt worden. Ebenso oft aber haben einflussreiche Väter ihre unbedeutenden Söhne in die akademische Carrière hineingeschmuggelt. Auch giebt es Fakultäten, in denen immer ein Freund den andern nach sich gezogen hat. Es steht fest, dass auf diese Weise unbedeutende Menschen befördert und hervorragende Kräfte, welche einen anderen wissenschaftlichen Standpunkt einnahmen, unterdrückt worden sind.

Aber auch sonst haben Lehrer ihre Schüler, deren geringere Fähigkeit, so lange sie Docenten waren, Niemandem ein Geheimniss war, so lange an den einzelnen Hochschulen wie saures Bier ausgeboten, bis sie endlich untergebracht waren, und dann die zuvorkommende Fakultät mit Schrecken erkannte, was für ein Danaergeschenk ihr angepriesen worden sei. Unter dreissig Berufungen giebt es heute kaum eine, die aus rein sachlichen Motiven und ohne persönliche Beziehungen erfolgt, während in allen anderen Fällen mächtige Freunde, Gönner oder Verwandte dieselben durchgesetzt haben.

Weniger ist über die Scheinberufungen zu sagen. Wenn ein Ordinarius sich bei einem Mächtigeren insinuiren will, von dem er in Zukunft einen Gegendienst beansprucht, — z. B. Berücksichtigung für die Liste, wenn der Mächtigere fortkommt — so verschafft er ihm den Ruf, von dem er weiss, dass er abgelehnt werden wird. Aber der Freund thut so, als wenn er gehen wolle, schildert die Verhältnisse, zu denen er gerufen wird, als ausserordentlich anziehende, zieht genaue Erkundigungen ein, wartet und wartet, ehe er eine Entschliessung trifft, oft Wochen lang, bis der Minister in den sauren Apfel beisst und den beliebten Lehrer hält, mit Gewährung einer sehr ansehnlichen Zulage für den ausgeschlagenen Ruf, dem der Professor niemals Folge zu leisten gesonnen war.

Die Vermittelung dieser Geschäfte, die man mit den Differenzgeschäften an der Börse vergleichen kann, besorgt gewöhnlich ein Dritter, der an einer dritten Hochschule thätig ist. Diese Geschäfte haben aber längst ihre Blüthe hinter sich, da die Regierungen besonders angesichts der allgemeinen Finanzkalamität der einzelnen Länder in der letzten Zeit vorsichtiger geworden sind. Vorzugsweise in Norddeutschland hat das Centralisirungs-System diese Differenzgeschäfte schwer geschädigt. Doch sind zeitweise erhebliche Summen zu solchen Zulagen bewilligt worden, deren manche ausgereicht hätten, um einen Extraordinarius zu besolden.

IV.
Veränderung des Berufungsmodus.

Man wird aus dieser Darstellung die Ueberzeugung gewonnen haben, dass das heutige Berufungssystem, von so vortrefflicher Wirkung es auch ursprünglich gewesen sein mag, als überlebt, verfehlt und überaus gefährlich anzusehen sei, da nichts geringeres, als die Existenz der Wissenschaft und der deutschen Hochschulen dabei auf dem Spiele steht. Auch Andere theilen diese Ueberzeugung, nur dass sie immer die Alternative aufstellen zu müssen glauben zwischen einer Berufung durch den Staat allein, oder die Fakultät allein und unter diesen beiden Uebeln das kleinere, den Fakultätsvorschlag, vorziehen.

Indessen ist die Sache noch keineswegs so sicher, dass die Vorschläge durch den Staat schädlicher gewirkt haben würden, wie die der Fakultäten. Wenn man nämlich erwägt, wie gross Preussen durch seinen Beamtenstand geworden ist, den doch der Staat selbst erzeugt und aufgezogen hat, wie die Regierung in

Preussen in gesunden Zeiten es stets zu Wege gebracht hat, die tüchtigen Leute selbst in den kleinsten Stellungen und Verhältnissen herauszufinden und vorwärts zu bringen, so dürfte es doch fraglich sein, ob dieselbe Wirkung erzielt worden wäre, wenn die einzelnen Collegien der Beamtenwelt das Vorschlagsrecht gehabt hätten, die richterlichen sowohl wie die unterrichtenden. Aber gesetzt den Fall, dass die Berufung der Universitätslehrer durch die Regierung wirklich mangelhaft und in hohem Grade bedenklich erscheine, so müsste zunächst ein weiteres Moment in's Auge gefasst werden, ob es nicht noch einen dritten Weg gäbe, der beide Wege wie bisher vereinigt, ohne dabei den Fakultäten die Uebermacht und die Initiative einzuräumen. Ein solcher Weg kann nach unserer Ansicht nur davon ausgehen, die Macht der Regierung zu heben, da bei unseren politisch immer stärker und gesunder werdenden Verhältnissen, denen aber keine entsprechenden socialen zur Seite stehen, es wahrscheinlicher ist, dass in zweifelhaften Fällen die Regierungen das Richtige treffen, als dass dies die Fakultäten thun. Sollte aber ein Docent durch einen derartigen Regierungsakt geschädigt werden, so ist es immerhin für das Individuum weit erträglicher, von einer Behörde schlecht behandelt zu werden, als von Collegen, zumal wenn dies engherzige und obscure Leute sind. Denn das ist das empörendste Moment der ganzen Docenten-

Carrière, dass strebsame, fähige Jünger der Wissenschaft oftmals bei den elendsten Menschen, weil sie zufällig Ordinarien ihrer Fakultät sind, um Liebe buhlen müssen, wenn sie etwas erreichen wollen, wobei gerade die unbedeutendsten und erbärmlichsten Menschen am meisten diese Umwerbung zu beanspruchen pflegen, bevor sie ein Jawort zu geben die Neigung haben.

Manche sehen ein heilsames Correctiv bei Berufungsangelegenheiten darin, dass zwischen der Fakultät und der ausführenden Regierung das **Mittelglied eines allgemeinen Senates** liege, welcher Einseitigkeiten oder Ungerechtigkeiten steuern könne. Aber auch dies ist ein sehr zweifelhafter Schutz. Denn wenn schon zugegeben werden kann, dass in einzelnen Fällen durch den Senat ein Fehler der Fakultät verbessert worden ist, so liegt doch die Gefahr zu nahe, dass auch ein Senat nur von einigen wenigen Mächtigen regiert werde, die über einen grossen Anhang gebieten, wodurch eine Berufung nur nach den persönlichen Wünschen und Zwecken der Machthaber geregelt werden wird. Wo die Fakultät nicht ganz geschlossen auftritt, wird dies sogar die gewöhnliche Erscheinung sein. Zu den einflussreichsten Persönlichkeiten gehören aber in den seltensten Fällen diejenigen, welche stets nach sachlichen oder wissenschaftlichen Gründen urtheilen. Manche behaupten sogar, dass das Resultat der Abstimmung gewöhnlich schon vor der Sitzung feststeht, so dass die daraus folgenden Reden gar keinen Einfluss mehr auszuüben vermögen. In der Einrichtung des Senats liegt demgemäss auch keine Gewähr für objective Behandlung der Berufungsangelegenheit. Die Universitätssenate werden selten die Vergewaltigungen verhindern, die einzelne Fakultäten mit jüngeren Mitgliedern vorgenommen haben, und werden selten nicht entgegentreten, wenn eine Fakultät Diejenigen für unfähig erklärt, die einer oder der andere aus persönlichen Gründen nicht haben will. Aus diesen Gründen wird man behaupten dürfen, dass der allgemeine Senat für die meisten Fragen ein lächerlicher Rest mittelalterlicher, republikanischer Verfassung sei, welcher nur den Professoren viel Zeit fortnimmt, die Einzelnen daran gewöhnt, über Fragen mitzusprechen, von denen sie gar nichts verstehen und den Hochmuth und Selbstüberschätzung bei den schwächeren Individuen steigert. Vor allen Dingen aber sollte der Senat mit Berufungssachen und sonstigen Personalien schon darum nichts zu thun haben, weil immer wenige Stunden nach einer Senatssitzung bei der unvermeidlichen Behandlung des Amtsgeheimnisses ein kleines Städtchen den Verlauf der Sitzung kennt, und die noch an demselben Nachmittag tagende Kaffeegesellschaft der Damen ihre Vota in einer Art Nachsenatssitzung zum Besten giebt, — gewiss ein recht erfreulicher und erbaulicher Act für die Lehrer einer

Hochschule. Was würden unsere Staatsanwälte, Gymnasiallehrer und Gerichtsräthe sagen, wenn über ihre Qualität die Frauen eine Gerichtssitzung abhielten? Wenn nun in den Berufungsfragen die Macht der Regierung gestärkt wird, so ist die nächste Folge, dass das Feilschen um die einzelnen Stellen aufhört, durch welches Diejenigen, welche einflussreiche Freunde in der Fakultät haben, auch weit höhere Gehälter für sich zu erzielen vermochten. Schon dadurch wird eine in keiner Weise zu rechtfertigende Kluft erzeugt zwischen den Professoren, die an derselben Hochschule avancirt und denen, die von anderwärts berufen sind, wiewohl es bekanntlich ein grösseres Kunststück ist, an derselben Hochschule Ordinarius zu werden, an welcher man Docent gewesen ist, als nach auswärts berufen zu werden. Die sociale Kluft besteht schon an und für sich an jeder Universität durch die verschiedene Höhe der Honorare, wobei die theologische und philosophische Fakultät am meisten benachtheiligt zu sein pflegen, während Mediciner und besonders Chemiker sehr beträchtliche Honorare für Vorlesungen und Curse beziehen, die nicht selten die Höhe von 10—12,000 Mark und mehr erreichen (wobei die grössten Universitäten Wien, Berlin, Leipzig noch gar nicht mitgerechnet werden). Der Staat sollte aber ein Interesse daran haben, die ordentlichen Lehrstellen unter einander auszugleichen und damit die sociale Stellung der Professoren zu nivelliren, denn es ist kein vernünftiger Grund vorhanden, warum ein berühmter Chemiker theurer bezahlt werden muss, als ein berühmter Philosoph, oder warum ein Ordinarius 3600 Mark Gehalt hat, ein anderer 8—9000 Mark. Gewiss sollen alle Professoren so gestellt sein, wie es ihre Berufsstellung verlangt, die eine höhere ist, als die der meisten anderen Beamten, z. B. Gerichtsdirectoren, Gymnasialdirectoren, Oberstaatsanwälte u. a., aber eine Verpflichtung kann für den Staat nicht bestehen, die zahlreichen Gesellschaften und die im Jahr drei oder viermal stattfindenden Vergnügungsreisen in das Hochgebirge, nach Italien oder in grosse Städte zu bezahlen, wenn auch zugestanden werden kann, dass auch jeder vermögenslose Professor in der Lage sein sollte, einmal im Jahre eine längere Erholungsreise zu machen, was durchaus nicht in allen Fällen möglich ist. Und nur wenn Jemand einen ehrenvollen Ruf ausschlägt, soll er eine entsprechende Entschädigung erhalten.

Aber wenn der Staat mehr ein Ausgleichungsprincip befolgt, so wird die erste Wirkung sein, dass jenes Bieten und Ueberbieten aufhört, durch welches die Berufungen der Professoren noch vor wenigen Jahren mehr an das Engagement von Tänzerinnen und Sängerinnen erinnert haben. Dann aber werden die einzelnen Ordinariate mehr und mehr mit festen Gehalten verbunden werden, zu welchen eben Leute gesucht werden, und wenn A. grössere Forderungen macht, nimmt die Regierung B. oder C.

In derselben Weise aber soll auch für die Extraordinarien gesorgt werden, und der unwürdige Zustand, wie er zum Theil noch in Süddeutschland, vorzugsweise in Baiern und Württemberg existirt (in Baden ist vor wenigen Jahrzehnten das denkwürdige Beispiel der planmässigen, 31 Jahre währenden Unterdrückung und Misshandlung des Philologen Kayser bekannt, das ein Schüler mit so eindringlicher Wahrheit geschildert hat), dass etatsmässige Extraordinariate für den aufstrebenden Docenten ganz unerreichbar sind, sollte mit Rücksicht auf das thatsächliche Glücksspiel eines Rufes ganz abgeschafft werden. Es stammt aus einer Zeit, in der es noch gar keine Privatdocenten gab, sondern die Regierung solche Stellen mit Geistlichen, Richtern oder anderen Beamten besetzte, und ist nicht nobel für einen cultivirten Staat. Der Staat sollte unter allen Umständen jedem, den die Fakultät zum Extraordinarius befördert, — sofern derselbe nicht so vermögend ist, dass er dies Geld zunächst entbehren kann — und der einen Lehrauftrag erhält, mindestens 1800 M. geben, denn so viel erhält ein preussischer Gymnasiallehrer (und 1600 M. nebst freier Wohnung erhalten Assistenten und Assistenzärzte). Die Etappen, welche man beispielsweise in Württemberg vor einem besoldeten Extraordinariat durchmachen muss — vorausgesetzt, dass man diese hohe Würde überhaupt erreicht — entsprechen dem neidischen Charakter, dem der Fremde mit Widerwillen auf Schritt und Tritt in diesem Lande des Weins und der Poesie begegnet. Sie entsprechen aber auch jenem Zustand, den ein geistvoller Schwabe in die Worte gekleidet hat, dass es in Württemberg — dem vielgerühmten Eldorado der Examina — nur zwei Classen von Menschen gäbe, solche, die examiniren und solche, die examinirt werden. Vielleicht aber hängt diese Erscheinung auch damit zusammen, dass in Württemberg die Denkfähigkeit eines Menschen erst vom 40. Lebensjahr an gerechnet wird (daher der jüngste dort angestellte Extraordinarius gegen 50 Jahre, der älteste gegen 90 Jahre alt ist).

Ganz ähnlich und vielleicht noch etwas schlechter sind die Docentenverhältnisse in Baiern, besonders in München, worüber in der Presse schon oftmals Klagen laut geworden und bei dem Ressortminister Beschwerden geführt sind. Auch in München giebt es weder Stipendien, noch kommt ein Docent weiter, noch wird er für seine Leistungen honorirt; auch hier sind die etatsmässigen Extraordinariate fast für jeden Docenten unerreichbar, und die tüchtigsten Privatdocenten bleiben zehn Jahre oder noch länger in ihrer Stellung, ohne die geringste Anerkennung und Entschädigung zu finden. Titel und Rang eines Extraordinarius wird grundsätzlich nicht verliehen (eine einzige Ausnahme wurde in den letzten Jahren gemacht, was eine bestimmte Ursache hatte), zum Theil, weil ein Kammerbeschluss existirt, dass kein Extraordinarius ohne Besoldung von 3600 M. ernannt werden soll. Da nun bekanntlich fast jeder Ordinarius, der 6000 M. Gehalt hat, glaubt, dass ein Extraordinarius, wenn er 3000 M. oder noch mehr Gehalt bekomme, in seinem Reichthum ersticken müsse und für seine Gelder gar keine Verwendung haben könne, so ist die Folge jenes Kammerbeschlusses, dass die Fakultäten überhaupt keinen Docenten zum Extraordinarius befördern.

Aber noch in andern Beziehungen ist die Initiative der Regierung bei den akademischen Berufungen in hohem Grade wünschenswerth. Wenn die Fakultäten leicht geneigt sind, einen blutjungen Mann — ein sogenanntes Wunderkind — zum ordentlichen Professor zu machen, wann er von seinem einflussreichen Lehrer auf das wärmste empfohlen wird, — wie dies besonders früher öfters vorgekommen ist — so soll die Regierung in diesem Punkt vorsichtiger sein. Sie wird vielleicht erwägen, dass ein so junger Mann, der seinem Charakter nach unreif in solche Stellung kommt, überhaupt unfertig und unerzogen bleibt, und dass er an frühe Triumphe gewöhnt und von seiner Gottähnlichkeit durchdrungen nur das eine

Ziel kennt, sich zu vergöttern und vergöttern zu lassen. Ferner ist unleugbar, dass die Vetterle's und Interessenwirthschaft durch eine kräftige Regierung eingeschränkt wird. Es giebt Hochschulen kleinerer Länder, an denen seit Jahrhunderten von den Eingeborenen kein andrer Gesichtspunkt festgehalten wird, als der persönliche. Zunächst sichert man sich bestimmte Vorlesungen und durch den Studienzwang eine gewisse Zahl von Zuhörern, — ein Verfahren, das mit der Freiheit der Wissenschaft im schroffsten Widerspruch steht. Tritt eine Vacanz ein, so überlegt man, welchen Verwandten oder nähern Freund man unterbringen kann, oder der Einzelne rechnet nach, was er dadurch gewinnt; man hat sich an das Profitiren gewöhnt und betrachtet Alles aus diesem Gesichtswinkel. Es ist sogar vorgekommen, dass eine Professur Jahre hindurch nicht besetzt wird, um einen allgemeinen Verwandten, einen „jungen, hoffnungsvollen" Mann hineinwachsen zu lassen, bis man sich endlich von der Unmöglichkeit dieses Bestrebens überzeugte. Der Fremde ist überrascht von diesem absoluten Mangel eines sachlichen Interesses. Wunderbar ist nur, dass auch die von auswärts Berufenen sich sehr leicht acclimatisiren und nicht ungern diese Interessenwirthschaft unterstützen. Neuerdings ist diese Methode selbst bei Verleihung der höchsten akademischen

Würde, des Doctorgrades honoris causa, zu Tage getreten. Aus diesem Grunde entscheidet besonders auch für die Wahl der **niederen Beamten**, wenn sie von den akademischen Behörden vorgenommen wird, allein das Machtwort oder die Fürsprache eines Gönners zum grössten Schaden der Hochschule. Allerdings ist es nicht ungewöhnlich, dass in solchen Fällen dann auch seitens der Regierung selbst — nicht selten mit verblüffender Naivität — Nepotismus getrieben wird. Indessen, wenn auf der einen Seite der Interessenwirthschaft gesteuert wird, ist wohl anzunehmen, dass auch die andere dann genauer controllirt wird und vorsichtiger sein muss.

Besonders aber wird durch eine kräftigere Regierung auch die Auffassung an Boden gewinnen, dass der Professor zunächst **Beamter** und **Lehrer** sei, und sie wird jenen mit dieser Stellung eng verbundenen Idealismus wieder zurückführen, nachdem derselbe angefangen hatte, einem crassen und verderblichen Materialismus zu weichen. Es ist nicht zu leugnen, dass vorzugsweise durch die Mediciner, welche Praxis ausüben, jener Materialismus solche Verbreitung gefunden hat. Wo schon das Studium selbst seit längerer Zeit von einem höheren und allgemeineren Gesichtspunkt gänzlich abstrahirt und nur die praktischen Fertigkeiten beibringen will, da ist es nicht wunderbar, dass auch jede höhere und idealere Auffassung verloren geht. Man wird daher beobachten können, dass die Mediciner am meisten ihre Stellungen benutzen, um Geld zu erwerben. So sehr man nun auch zugeben mag, dass der berühmte Professor Pflichten gegen die leidende Menschheit zu erfüllen habe, so wenig wird man leugnen können, dass der Staat jenen zunächst als Lehrer angestellt hat, der gar nicht das Recht haben sollte, bei jeder Consultation auswärts ohne weiteres eine Vorlesung ausfallen zu lassen. Ebenso leidet aber durch eine übertriebene praktische Thätigkeit das gelehrte Arbeiten, das jeder Professor cultiviren sollte. Bei dem immer grösser werdenden Reichthum und der besonders in allen grösseren Städten immer zunehmenden Manie, sich von Professoren behandeln zu lassen, lässt sich heute fast jede reiche Frau von dem einen Professor entbinden, von dem andern die Migräne behandeln. Der Staat aber sollte nur in den dringlichsten und wirklich ernsthaften Fällen eine Dispensirung des Professors von seinen Berufspflichten gestatten. Ebenso wie es heute bei manchen medicinischen Professoren Sitte ist, bei Berufungen weniger nach Gehalt und Zuhörern, sondern nach Einnahmen der Privatpraxis zu fragen, so bildet sich auch leicht der Gesichtspunkt heraus, dass die Privatpraxis bei einer anzutretenden Professur das wesentlichste sei, und das Unterrichten Nebensache.

Zu dieser Frage gehört nun auch, ohne dass wir zu schulmeistern beabsichtigen, eine grössere Gewissenhaftigkeit in Einhaltung der officiellen Ferien, die an manchen Hochschulen, besonders in Norddeutschland, sehr viel zu wünschen übrig lässt. Freilich verkennen wir nicht, dass diese Frage mit Rücksicht auf die akademische Freiheit am schwersten eine glückliche Lösung finden wird. Ferner aber wird durch die Initiative der Regierung verhindert, dass ein Indifferentismus oder ein Subjectivismus in den Fakultäten aufzukommen vermag, indem sie das Wohl der Hochschule für genügend besorgt halten, wenn die Ordinarien gute Gehälter, Zwangsvorlesungen, die stets eine grosse Menge Zuhörer ins Colleg nöthigen, und womöglich eine dauernde Stellung in der Prüfungscommission haben, welche ihnen immer neue Zuhörer flüssig macht. In Süddeutschland sind diese Commissionen zum Theil constant, d. h. gleichsam petreficirt. Ein solcher Zustand entspricht vollständig einem sichern Creditbrief auf Zuhörer, während die aussen stehenden dauernd benachtheiligt werden. In Preussen wechseln die Commissionen nicht nur jährlich ihre Mitglieder, oder sollen wenigstens wechseln, sondern es werden, besonders an grösseren Hochschulen, auch Extraordinarien und Docenten zum Examiniren herangezogen. Es sollte aber an jeder Hochschule die Ansicht Platz greifen, dass ausser dem persönlichen

Wohlbefinden der Ordinarien noch andere Interessen wahrzunehmen seien.

Ausserdem wird dadurch verhindert werden, dass ein Ordinarius einen möglichst unbedeutenden Fachgenossen beruft, um nicht durch die Concurrenz geschädigt zu werden und selbst die erste Rolle spielen zu können, wie dies oft genug vorgekommen ist. Denn bei solchem Verfahren findet er leichter bei der Fakultät Unterstützung, wo eine Hand die andere wäscht als in einer objectiven und persönlich uninteressirten Commission.

Ferner wird nicht mehr vorkommen können, dass der Vorschlag eines Sachverständigen durchfällt, weil ein mächtigerer Mann in derselben Fakultät, der aber kein Sachverständiger ist, aus persönlichen Gründen einen andern wünscht, und die andern Mitglieder gemäss der Schwäche des menschlichen Charakters ihm zustimmen.

Auch die Scheinberufungen werden dadurch unmöglich gemacht werden, weil der Staat möglichst vermeiden wird, dass der Staatssäckel auf's empfindlichste geschädigt werde.

Ebenso wird die Regierung weit eher auf einen tüchtigen Mann verfallen, der einer Professur würdig ist, aber in einer nichtakademischen Stellung lebt — z. B. ein Gerichtsrath, ein Gymnasiallehrer, ein Geistlicher — als dies von Seiten einer Fakultät gemäss dem gewöhnlich vorherrschenden Kastengeist denkbar ist. Ueberhaupt wird man dem ganzen Skandal aus dem Wege gehn, der heute nicht selten, und in manchen Fakultäten gewöhnlich, mit der Neubesetzung einer Stelle verbunden zu sein pflegt, was besonders dann der Fall ist, wenn zwei feindliche Parteien oder zwei gegnerische Rivalen sich bekämpfen, wobei als gröbster Unfug bezeichnet werden darf, dass bei einer Neuberufung sich jedes Fakultätsmitglied für verpflichtet hält, je nach seiner Stellung zu der betreffenden Persönlichkeit Briefe einzufordern und diese vorzutragen — was in allen andern Berufsklassen zu den grössten Indiskretionen und Taktlosigkeiten gezählt werden würde. Allerdings ist in solchem Fall in Preussen schon oftmals der Modus eingetreten, — und wurde früher häufiger beobachtet — dass der Minister eine Fakultät ignorirt hat, die ein oder mehrere Male ihre Uneinigkeit oder Unfähigkeit manifestirt hat. Auch für andere Länder kann der Rath nur nützlich sein, dass die Regierung bei gewissen Fragen eine Fakultät ignorirt, die schon öfter gezeigt hat, dass sie besonders in der Frage über das Avancement nach persönlichen, parteilichen und ungerechten Gründen entschieden hat, oder dass ihre Machthaber überhaupt das Princip haben, jüngere Lehrer zu unterdrücken.

Wenn auf diese Weise die materialistische Richtung des Gelehrtenstandes getödtet ist, so wird auch die gelehrte Thätigkeit wieder mehr in Aufnahme kommen, die an einzelnen Hochschulen sehr viel zu wünschen übrig lässt. Mit den geringeren Einnahmen wird das sociale Leben wieder auf ein vernünftigeres Niveau herabgedrückt werden, und die Lehrer werden wieder häufiger freie Zeit und freien Kopf zu angestrengten Arbeiten bekommen. Der Professor wird lernen, dort seine Befriedigung zu finden, wo er sie der Natur der Sache nach finden sollte — in der Wissenschaft und nicht in der Gesellschaft. Und dadurch wird wieder die Professorenfrau aus der akademischen Sphäre mehr herausgedrängt und in die Kinderstube hineingedrängt werden, was sowohl zum Besten der Hochschulen, als auch zum Heil ihrer Kinder gereichen wird, die nicht selten heute gerade in Professorenfamilien eine sehr vernachlässigte Erziehung erhalten. Sollte die Frau aber durchaus kinderlos sein — nun, so mag sie arme Kinder an Kindesstatt annehmen oder Strümpfe für Waisenknaben stricken oder Hosen für die Congoknaben und für Kamerun nähen oder sich musikalisch ausbilden, was ihr alles viel besser ansteht, als sich in die akademischen Verhältnisse hineinzumischen oder überhaupt in der Oeffentlichkeit eine Rolle spielen zu wollen.

Eine andere Wirkung wird sein, dass damit das akademische Faiseurthum von den Lehrkörpern der Universitäten ferngehalten wird, das heute fast an jeder Hochschule mehr oder minder vertreten ist, welches seine Aufgabe nicht darin erkennt, für die Lehrthätigkeit und die Wissenschaft zu leben, sondern für Essen und Trinken, Gesellschaften und Bälle, Vergnügungen und Reisen, Vorsehung spielen für die eigne und fremde Hochschulen, Schreiben von diskreten und indiskreten Briefen u. s. w. Kurz und gut, damit wird das geistige oder wissenschaftliche Proletariat aus der Welt geschafft.

In welcher Weise soll nun der eigentliche Prozess des Avancements und der Berufung vor sich gehen? Der Ministerialrath oder der Decernent, der diese Angelegenheiten im Ministerium besorgt, soll mit einem Referenten der Fakultät, den die Fakultät aus ihrem Schoosse zu erwählen hat, d. h. dem eigentlichen und hauptsächlichsten Sachverständigen, und mit zwei andern Experten, deren einen der Minister aus einer praktischen Stellung auswählt (Medicinalräthe, Sanitätsräthe, Regierungsräthe, Forsträthe, Finanzräthe, Consistorialräthe, Oberstudienräthe, Gymnasialdirektoren), den andern die Fakultät entweder aus einer verwandten Fakultät (sei es derselben oder einer andern Hochschule) oder — wenn sie dies vorzieht — auch aus einer praktischen Stellung, — zu einer Commission zusammentreten, welche sich persönlich oder brieflich auf drei Vorzuschlagende einigt, die dann der Fakultät zur Begutachtung übergeben werden (etwas ähnliches bieten schon die österreichischen Commissionen). Die Fakultät darf ohne zwingende Gründe von dieser Auswahl nicht abgeben, ebenso wie sie nur unter der sorgfältigsten sachlichen Motivirung von der Reihenfolge, welche die Commission vorgeschlagen, abweichen darf. Die Regierung bewerkstelligt dann die Ernennung dessen, der ihr der Beste scheint. In der Commission hat sie bei Stimmengleichheit die Entscheidung. Ein Senat soll naturgemäss von den Berufungsangelegenheiten vollständig befreit werden. Bei Avancements an der gleichen Hochschule kann der Minister sein Recht aufgeben und der Fakultät die Entscheidung über den Vorschlag überlassen. Liegt aber der Verdacht nahe, dass ein Docent von der eignen Fakultät unterdrückt wird, so soll der Minister eine andere Fakultät um ein Gutachten ersuchen oder auch vom Docenten selbst ein Memorandum einfordern, was ihm oftmals einen klareren Einblick in die wirklichen Verhältnisse gewähren wird, als das Gutachten der Fakultät. Besonders soll der Minister in allen Fällen, wo ein bekannter, tüchtiger und namhafter Gelehrter an der eigenen Fakultät nicht vorwärts kommt und aus kleinlichen Gründen nicht aufkommen gelassen wird, sofort von einem andern Collegium ein Gutachten einziehen und darnach ohne Berücksichtigung der Fakultät verfahren.

Nur wenn man die **Avancements** und die **Berufungen** vertrauensvoller in die Hände der **Regierungen** legt, denen sie nur deshalb nicht übergeben worden sind, weil die mittelalterliche Auffassung die Universität als ein republikanisches Gemeinwesen betrachtet hat (als dessen Rest der allgemeine Senat aufzufassen ist), welches in sich abgeschlossen seine Gesetze, sein Gericht, seine Verwaltung und sein Vermögen hatte, eine Auffassung, die mehr und mehr der modernen und richtigeren weichen muss, dass die Universitäten Staatsinstitute sind, wie die Schulen anderer Art, gehoben und geläutert durch die Freiheit der Wissenschaft, und mehr oder minder fast überall schon gewichen ist — nur dann wird man in Zukunft jene Centnerlasten von Elend und Thränen, von Jammer und Unglück, von Engherzigkeit und Geiz, von Lüge und Grausamkeit vermeiden, welche heute von so verschiedenen Lagern aus zum Gegenstand eines Angriffs gemacht werden. Ausserdem retten dadurch allein die Fakultäten ihre Mitwirkung bei Berufungen, denn es unterliegt keinem Zweifel, dass bei dem zunehmenden Anwachsen der Cliquenwirthschaft in Nachahmung des Verfahrens, wie es schon oft in Preussen üblich gewesen ist, über kurz oder lang auch die Minister der andern Länder sich um die Fakultäten und ihre Vorschläge nicht mehr viel kümmern würden. Wenn die Verfechter der Fakultätsberufungen auf unsern Vorschlag entgegnen, dass der eigenthümliche

Reiz der akademischen Carrière in ihrem Risiko liege, dem der einzelne sich freiwillig unterziehe, so soll von unserer Seite durchaus nicht verlangt werden, dass jeder Docent von selbst avancire, wie der Fähndrich und der Referendarius. Gerade deshalb soll die Habilitation nicht erschwert werden, weil die Fakultät keine Verantwortung oder Garantie für die Zukunft und die Carrière übernehmen kann und soll. Nur darum kann es sich handeln, dass Docenten, welche schriftstellerischen und Lehrerfolg haben, befördert werden müssen, dass ihre Beförderung nicht durch kleinliche, persönliche Gründe oder die Gegnerschaft eines neidischen oder bösartigen Ordinarius hintertrieben worden kann, dass die Extraordinarien einen Gehalt vom Staate erhalten, der wenigstens die Person des Lehrers vor Sorgen sicher stellt und ihnen nicht die Freude an ihrer Thätigkeit raubt durch langsames Untergraben ihrer geistigen Elasticität und Schöpfungskraft, und dass endlich die Ordinarien nicht mehr berufen werden nach überwiegend persönlichen, sondern nach überwiegend sachlichen Gründen. Nur auf diese Weise ist ein Fortschritt der deutschen Universitäten möglich, die von allen heutigen Instituten am meisten und deutlichsten die Spuren eines überlebten und unvollkommnen Mittelalters bewahrt haben. Denn die Universitätsverfassung ragt in unser modernes, festgefügtes, staatliches Leben hinein, wie eine alte Säule, die bemoost und mit Spinnweben bedeckt, abgebröckelt, untergraben und vermodert, von dem nächsten Sturm auf die Seite geschleudert wird, um nie wieder eine Auferstehung zu feiern. Und mit einem Wort — nur die Macht einer vernünftigen Regierung wird im Stande sein, den akademischen Unfug auszurotten, der die deutsche Solidität an den deutschen Hochschulen zu untergraben begonnen hat.

Im Verlage der K. Hofbuchhandlung von **Wilhelm Friedrich** in Leipzig und Berlin erschien:

Abel, Carl Dr. ph.: Sprachwissenschaftliche Abhandlungen. 1885. in gr. 8°. br. Mk. 10.—.

Aristokratie, Die, des Geistes als Lösung der socialen Frage. Ein Grundriss der natürlichen und der vernünftigen Zuchtwahl in der Menschheit. 1885. in gr. 8°. eleg. br. Mk. 3.—.

Bitter, C. H., Königl. Staatsminister: Gesammelte Schriften. 1885. in gr. 8°. br. Mk. 10.—.

Cassel, D. Paulus: Aus Litteratur und Symbolik. Abhandlungen. 1885. in gr. 8°. br. Mk. 8.—.

Christaller, Ernst: Ueber unser Gymnasialwesen. 1885. in 8°. br. Mk. 1.—.

Conrad, M. G. Dr.: Flammen für freie Geister. 1883. in 8°. br. Mk. 5.—.

Engel, Eduard Dr.: Die Uebersetzungsseuche in Deutschland. Vierte Auflage. 1882. in 8°. Mk. —.80.

Fürst, Julius Dr.: Lessing's Nathan der Weise. Historisch und philosophisch erläutert. 8°. br. Mk. 1.—.

Gizycki, Georg von, Dr.: Grundzüge der Moral. Gekrönte Preisschrift. 1884. in 8°. br. Mk. 1.50.

Günther, Georg Dr.: Grundzüge der tragischen Kunst. 1885. gr. 8°. br. Mk. 10.—.

Kleine, H. Dr.: Der Verfall der Adelsgeschlechter statistisch nachgewiesen. Dritte Auflage. 8°. br. Mk. 2.—.

Lazarus, Moritz Prof. Dr.: Schiller und die Schillerstiftung. 8°. br. Mk. 1.—.

Schasler, Max Dr.: Das System der Künste. Zweite Auflage. 1885. in 8°. br. Mk. 6.—.

Seemann, O. S. Dr.: Ueber den Ursprung der Sprache. 1884. 8°. br. Mk. —.50.

Suttner, B. von: Inventarium einer Seele. 1884. in 8°. br. Mk. 6.—.

☞ Vorräthig in allen Buchhandlungen. ☜

Druck von C. G. Röder in Leipzig.

Das Magazin

für die Litteratur des In- und Auslandes

begründet 1832,

ist die einzige grosse Wochenschrift, welche dem gebildeten Leser einen vollständigen systematischen Überblick über die hervorragendsten Litteraturerscheinungen aller Kulturnationen verschafft.

DAS MAGAZIN bringt nicht nur Kritiken und litterarische Notizen, sondern auch in jeder Nummer Leitartikel und Aufsätze, die sich auf brennende Zeitfragen geistiger Art beziehen.

DAS MAGAZIN gewährt auch der schriftstellerischen Produktion eine Stätte, an welcher sich das poetische Schaffen ohne die hemmenden Schranken philiströser Vorurteile entfalten kann.

DAS MAGAZIN ist keine Zeitung bloss für den Fachmann, sondern es wendet sich in fesselnder Darstellung und geistreicher, aber immer vornehmer Sprache an alle gebildeten Leser mit litterarischem Interesse, um sie über alles Wissenswerte in der Weltlitteratur auf dem Laufenden zu erhalten und ihnen bezüglich ihrer Lektüre ehrlichen kritischen Rat zu erteilen.

DAS MAGAZIN, das Organ des Allgemeinen Deutschen Schriftstellerverbandes, ist durchaus frei von jedem litterarischen Cliquenwesen wie von jeder Partei-Einseitigkeit und es verdankt dieser seiner Unabhängigkeit sein Ansehen daheim und im Auslande.

Die hervorragendsten Schriftsteller sind seine Mitarbeiter, seine Leser das gebildete Publikum.

DAS MAGAZIN erscheint wöchentlich in 32 Spalten Grossquart und kostet vierteljährlich nur 4 Mark.

Sämtliche Buchhandlungen und Postanstalten sowie die unterzeichnete Verlagshandlung nehmen Bestellungen an.

Eine Probenummer steht auf Wunsch franko und gratis zur Verfügung.

Jedes Quartal ist in sich abgeschlossen; es kann also das Abonnement auch innerhalb des Jahres jederzeit erfolgen.

Leipzig-Berlin.
Die Verlagshandlung des
„Magazin".
K. Hofbuchhandlung von Wilhelm Friedrich.

Druck von C. G. Röder in Leipzig.

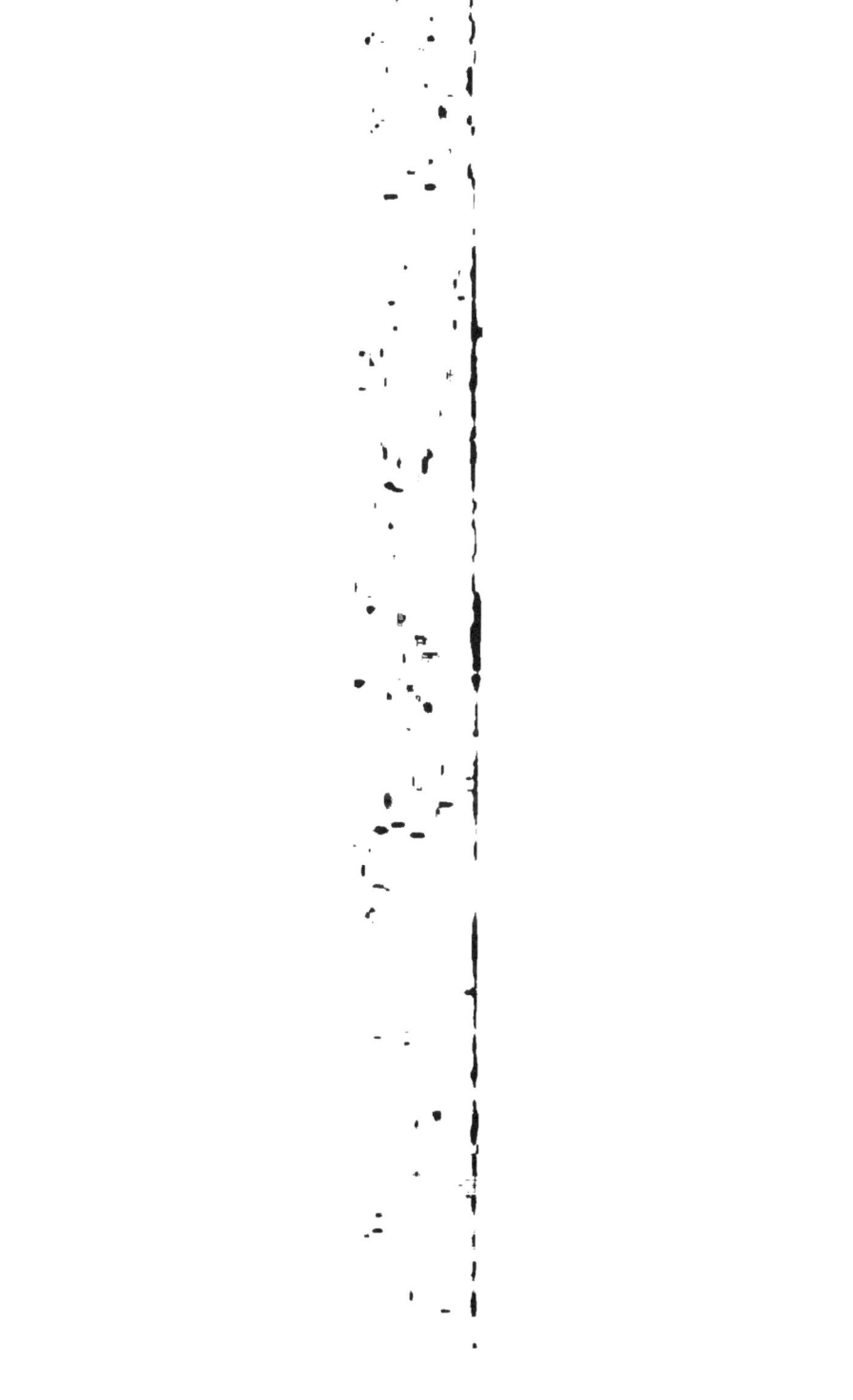